A BÍBLIA é a minha MELHOR AMIGA

365 dias devocional

SHEILA WALSH

ILUSTRAÇÕES DE SARAH HORNE

Geográfica

Originally published in English under the title:
THE BIBLE IS MY BEST FRIEND: FLIP BOOK
Copyright © 2024 by Sheila Walsh
Published by B&H Publishing Group, USA All rights reserved.
Portuguese translation edition © 2024 by GEOGRAFICA EDITORA, Brazil.
All rights reserved.
Publishing Group through Riggins Rights Management.
This Portuguese edition published in arrangement with B&H

© Geográfica Editora
Todos os direitos desta obra pertencem a Geográfica Editora © 2024
O conteúdo desta obra é de responsabilidade de seus idealizadores.
Quaisquer comentários ou dúvidas sobre este produto escreva para:
produtos@geografica.com.br | www.geografica.com.br

Esta obra foi impressa no Brasil e conta com a
qualidade de impressão e acabamento
Geográfica Editora.

Printed in Brazil.

Diretora editorial
Maria Fernanda Vigon

Editor chefe
Marcos Simas

Editor assistente
Adriel Barbosa

Tradução
Lucilia Marques

Preparação de texto
Patrícia de Oliveira Almeida

Adaptação de arte, diagramação e capa
Rodrigo Massagardi

Revisão
Débora Otoni
Nataniel Gomes
Nívea Alves da Silva
Giovanna Vido

SIGA-NOS NAS REDES SOCIAIS

 geograficaed   geoeditora

 geograficaeditora   geograficaeditora

W223b   Walsh, Sheila
          A Bíblia é a minha melhor amiga / Sheila Walsh.
          Ilustrações de Sarah Horne. Santo André: Geográfica, 2023.

          il.; 368p.
          ISBN 978-65-5655-400-6

          1. Bíblia sagrada. 2. Antigo Testamento. 3. Novo
          Testamento. 4. Bíblia infantil. 5. Devocional. I. Horne, Sara. II.
          Título.

          CDU 22-053.2

A BÍBLIA é a minha MELHOR AMIGA

365 dias DEVOCIONAL

SHEILA WALSH
ILUSTRAÇÕES DE SARAH HORNE

1ª EDIÇÃO · 2024
SANTO ANDRÉ – SP

2

Deus deixou que Adão desse nome a todos os animais. Talvez tenha sido uma tarefa divertida, mas pode ter sido muito difícil. O que você acha? Se Deus mostrasse a você um camaleão pela primeira vez, como você o chamaria?

3

Você sabe qual é o menor animal que existe na Terra?

É a tardigrada! Essas lagartas de oito pernas são gorduchas e bem pequenas, mais ou menos do tamanho de um grão de areia!

Você sabe qual é o maior animal da Terra?

É a baleia azul, que pode pesar quase duzentas toneladas. Só o coração desse animal pode ter o peso de um automóvel!

Você sabe quantos livros a Bíblia tem? São 24 livros? São 66? São 1.029? Ah, você acertou! São 66 livros: 39 no Antigo Testamento e 27 no Novo Testamento.

Você saberia dizer qual é o primeiro e qual é o último livro da Bíblia?

Gênesis, Apocalipse

Quando Deus observou tudo o que tinha feito, ele viu que era muito bom. Vamos orar e agradecer a Deus pela sua criação – do girassol ao pôr do sol, dos pequenos tardigradas às baleias gigantescas. Tudo é maravilhoso!

7

VAMOS RECORDAR?

E Deus viu tudo o que havia feito,
e tudo havia ficado muito bom.
Gênesis 1.31

2

Satanás tentou Eva com a única coisa que ela não podia ter: o fruto proibido. Quando Adão e Eva comeram o fruto, eles sabiam que o que tinham feito era errado e tentaram se esconder de Deus. Quando somos sinceros com Deus, não precisamos nos esconder dele.

3

Embora algumas pessoas acreditem que o fruto proibido era uma maçã, a Bíblia não diz exatamente qual era esse fruto. Qual você acha que era? Talvez fosse um abacaxi!

4

DESAFIO DOS PAIS PARA OS FILHOS

Esconda uma maçã e veja quanto tempo as crianças levam para encontrá-la. Dê pistas, dizendo: "Está quente" ou "Está frio".

5

DESAFIO DOS FILHOS PARA OS PAIS

Esconda uma maçã e veja quanto tempo seus pais levarão para encontrá-la. Dê pistas, dizendo: "Está quente" ou "Está frio".

6

Você já quis tanto uma coisa que seria capaz de fazer tudo para consegui-la? Satanás irá tentar você com muitas coisas, mas, quando ele fizer isso, ore e peça a Deus força para fazer o que é certo.

SEMANA 3

1

MEMORIZE

Tema a Deus e obedeça aos seus mandamentos, porque isso é o essencial para o homem.

Eclesiastes 12.13

2

Você consegue imaginar um mundo sem cães, gatos ou peixes? Felizmente, Noé obedeceu a Deus e construiu a arca para todos os animais. Quando obedecemos a Deus, ele nos usa para fazer com que o mundo seja melhor, assim como usou Noé!

3

Você sabia que em 1914 foi instalado o primeiro semáforo elétrico do mundo porque as ruas estavam muito tumultuadas com pessoas, bicicletas, cavalos e carros? O sinal vermelho foi usado para que ninguém se machucasse. Deus quer que obedeçamos às suas leis para não nos machucarmos.

4

Você já viu aquele semáforo que mostra uma contagem regressiva, indicando se é seguro ou não atravessar a rua? Esses sinais não existiam antes de 1990. Que grande invenção para nos manter seguros!

5

Você é capaz de citar as duas leis mais importantes a que Jesus nos mandou obedecer? Jesus disse: "Ame o Senhor, o seu Deus de todo o seu coração, de toda a sua alma e de todo o seu entendimento. [...] E o segundo é semelhante a ele: Ame o seu próximo como a si mesmo."
Mateus 22.37-39

Vamos brincar de sinal vermelho e sinal verde? Uma pessoa será o semáforo e ficará de costas para os outros jogadores. Quando ela disser: "Verde!", todos correm em direção a ela. Quando se virar e disser: "Vermelho!", todos que ainda estiverem se movendo saem do jogo.

7

VAMOS RECORDAR?

Tema a Deus e obedeça aos seus mandamentos, porque isso é o essencial para o homem.

Eclesiastes 12.13

SEMANA 4

1

MEMORIZE

Ora, a fé é a certeza daquilo que esperamos e a prova das coisas que não vemos.
Hebreus 11.1

2

Você já olhou para o céu e contou todas as estrelas? É impossível! Ainda assim, Deus disse a Abraão que sua família seria mais numerosa do que todas as estrelas no céu – e isso aconteceu! Você sempre pode confiar nas promessas de Deus.

3

Os astrônomos calculam que existem mais de cem bilhões de galáxias. A nossa própria galáxia, chamada Via Láctea, abriga aproximadamente trezentos bilhões de estrelas. Uau! É um bocado de estrelas!

4

Você sabia que a maior estrela conhecida, a UY Scuti, é 1.700 vezes maior do que o Sol? Ela está localizada a 9.500 anos-luz da Terra. Isso é mesmo muito longe!

5

CHARADA

Dois astronautas capotaram na Lua. Por que eles não se feriram?

Porque o acidente foi sem gravidade.

6

Vamos esta noite observar as estrelas em família! Você consegue achar o Cruzeiro do Sul? E a constelação de Órion? Que outras estrelas ou constelações vocês conseguem ver?

VAMOS RECORDAR?

Ora, a fé é a certeza daquilo que esperamos e a prova das coisas que não vemos.

Hebreus 11.1

1

SEMANA 5

MEMORIZE

Ame o SENHOR, o seu Deus, de todo
o seu coração, de toda a sua alma e
de todas as suas forças.

Deuteronômio 6.5

2

Você já se perguntou por que as pessoas tomam decisões erradas? Esaú tomou uma decisão errada ao trocar sua bênção por um prato de sopa! Essa história na Bíblia é um grande lembrete de que precisamos tomar decisões sábias, especialmente quando se trata de mostrar a Deus quanto o amamos.

DESAFIO DOS PAIS PARA OS FILHOS

Crianças, peguem latas de alimentos no armário da cozinha. Vocês conseguem empilhá-las e fazer uma torre da altura dos seus pais? Procurem se esticar ao máximo!

4

DESAFIO DOS FILHOS PARA OS PAIS

Pais, vocês conseguem fazer uma torre da altura dos seus filhos? Quantas latinhas foram necessárias?

5

Vamos escrever a frase "LEMBRE-SE DE ESAÚ" em um cartão. Coloque esse cartão em algum lugar para se lembrar de tomar boas decisões que agradem a Deus hoje e sempre.

CHARADA

O freguês disse ao garçom: "Tem uma mosca se afogando na minha sopa!" O que o garçom respondeu?

Quer que eu chame um salva-vidas?

7

VAMOS RECORDAR?

Ame o SENHOR, o seu Deus, de todo o seu coração, de toda a sua alma e de todas as suas forças.

Deuteronômio 6.5

SEMANA 6

MEMORIZE

Sabemos que Deus age em todas as coisas para o bem daqueles que o amam, dos que foram chamados de acordo com o seu propósito.

Romanos 8.28

2

Você conhece a história de José, sua linda túnica e seus irmãos invejosos? Os irmãos de José o venderam como escravo, porém José os perdoou mais tarde. Embora parecesse que tudo estava perdido, Deus fez as coisas darem certo no final.

CHARADA

Qual era a comida preferida dos faraós?

A "faraofa".

4

Faça biscoitos doces e ponha coberturas de diferentes cores. Com um palito de dente, você pode misturar as diferentes coberturas e fazer um desenho do tipo tie-dye. Será que a túnica colorida de José era um *tie-dye*?

A história de José é um maravilhoso exemplo de perdão e mostra como Deus pode transformar uma enorme confusão em uma coisa boa. Na próxima vez que você tiver um cesto cheio de meias lavadas, que acabaram de secar, vire o cesto e deixe as meias caírem sobre o seu irmão mais novo. Depois junte as meias e vá formando os pares, e veja a bagunça desaparecer!

6

Antes de ir para escola ou se preparar para dormir, faça esta oração: "Querido Deus, obrigado por me amar e cuidar de todas as bagunças da minha vida. Eu confio que o Senhor irá fazer tudo dar certo."

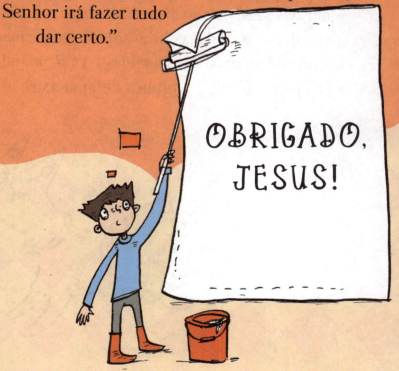

7

VAMOS RECORDAR?

Sabemos que Deus age em todas as coisas para o bem daqueles que o amam, dos que foram chamados de acordo com o seu propósito.

Romanos 8.28

SEMANA 7

MEMORIZE

E eu estarei sempre com vocês, até o fim dos tempos.
Mateus 28.20

2

Você já teve um bichinho de pelúcia, ou um cobertor favorito, que abraçava quando estava assustado? Deus nos lembra que não precisamos ter medo. Ele está sempre olhando e tomando conta de você!

Um fato curioso sobre o famoso ursinho de pelúcia Teddy:

Ele foi criado nos primeiros anos do século 20 e recebeu esse nome em homenagem ao presidente americano Theodore Roosevelt Jr., que era chamado de "Teddy".

Vamos construir uma cabana com todos os cobertores extras da casa. Depois, vamos ficar dentro da cabana comendo sobremesas e contando histórias de como Deus nos mantém seguros durante as tempestades da vida!

7

VAMOS RECORDAR?

E eu estarei sempre com vocês, até o fim dos tempos.
Mateus 28.20

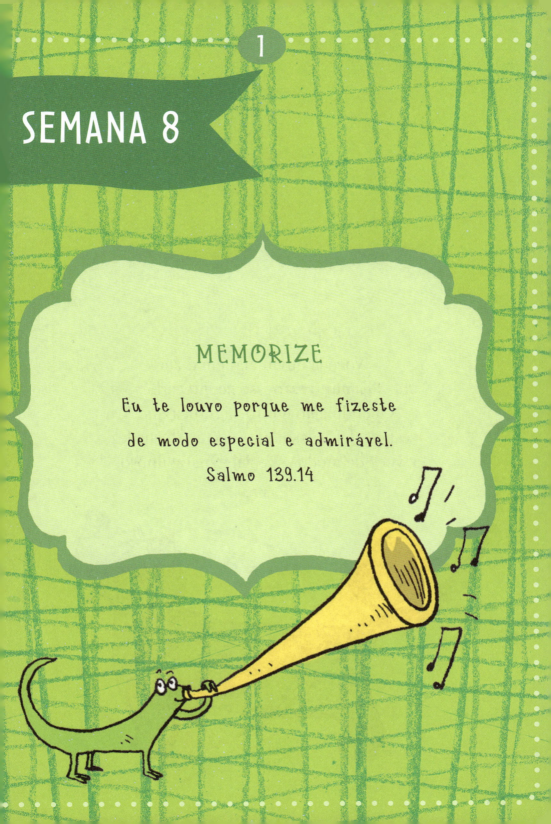

2

Você já ouviu alguém dizer: "É muito raro isso acontecer!"? Quando algo é raro, significa que é especial. E é isso que você é – Deus fez você de modo especial e maravilhoso!

3

Há muitos livros raros no mundo, porém o mais raro de todos é a Bíblia de Gutenberg. Foi o primeiro livro impresso na história, em 1456. Existem apenas algumas cópias dele no mundo, e cada uma é avaliada em milhões e milhões de dólares.

A Bíblia é o livro mais vendido do que qualquer outro que tenha sido escrito! Mesmo que a sua Bíblia não custe milhões, é o item mais precioso que você possui, pois é a Palavra de Deus para você.

Não é incrível saber que não existe ninguém no mundo igual a você? Ninguém tem os seus olhos, seus dedões, suas mãos e seus pés. Ninguém tem o seu jeito e a sua risada. Você é raro!

6

Dê para cada membro da família uma folha de papel dobrada duas vezes. Usando uma tesoura, recorte formas de nuvens. Então abram as nuvens e escrevam o que torna cada um deles único e especial.

1

SEMANA 9

MEMORIZE

Porque sou eu que conheço os planos que tenho para vocês, diz o SENHOR, planos de fazê-los prosperar e não de causar dano, planos de dar a vocês esperança e um futuro.

Jeremias 29.11

2

Você sabe o que quer ser quando crescer? Nosso versículo para memorizar desta semana diz que Deus tem grandes planos para você. Você faz alguma ideia de quais planos são esses?

Você já leu o livro *A pequena locomotiva?* Ele conta a história de uma locomotiva que subiu uma montanha que todos diziam que ela não conseguiria subir. Talvez, no decorrer da sua vida, surjam muitas montanhas para você subir também. Mas tenha fé em Deus! Ele poderá levá-lo aonde você precisa ir.

CHARADA

Qual a semelhança entre um cobertor no verão e um trem em movimento?

Os dois estão fora da estação.

5

Escreva cada palavra do versículo para memorizar desta semana em etiquetas adesivas e cole-as em blocos de brinquedo. Agora, movam um bloco de cada vez até conseguirem formar o versículo bíblico corretamente.

Outra ideia: use post it para isso.

6

Se você enfrentar algum desafio esta semana, repita estas palavras para si mesmo: "Eu sei que o meu Deus pode." Sozinhos, nós somos fracos, mas Deus pode tudo. E ele nos ajuda a fazer coisas incríveis.

7

VAMOS RECORDAR?

Porque sou eu que conheço os planos que tenho para vocês, diz o SENHOR, planos de fazê-los prosperar e não de causar dano, planos de dar a vocês esperança e um futuro.
Jeremias 29.11

SEMANA 10

MEMORIZE

Se vocês me amam, obedecerão aos meus mandamentos.

João 14.15

2

Às vezes pode ser difícil obedecer às regras de seus pais. Por que você precisa limpar o quarto ou levar o lixo para fora? Porque, se não fizer isso, tudo vai virar uma bagunça – e cheirar mal! Deus nos deu regras para que a nossa vida seja melhor.

Você já se perguntou por que os peixes cheiram tão mal? Afinal, eles vivem debaixo d'água! É como se estivessem em um banho de banheira permanente. Sabia que os peixes conseguem sentir cheiros? Eles têm um nariz feito de duas pequenas aberturas (narinas) na cabeça!

4

CHARADA

O que é que vive na água e morre na terra?

O peixe.

5

DESAFIO DOS PAIS PARA OS FILHOS

Pegue um cronômetro e veja quanto tempo demora para arrumar a mesa do jantar! Não se esqueça de colocar os guardanapos ao lado dos pratos.

6

DESAFIO DOS FILHOS PARA OS PAIS

Pais, agora é a sua vez! Vamos ver quanto tempo vocês levam para montar a mesa do jantar. Não se esqueçam das sobremesas! (Quem precisa de guardanapos, se tem sobremesa?)

VAMOS RECORDAR?

Se vocês me amam, obedecerão aos meus mandamentos.

João 14.15

SEMANA 11

MEMORIZE

Não tenha medo, pois eu estou com você, do oriente trarei seus filhos e do ocidente ajuntarei você.
Isaías 43.5

2

Você sabe o que é *acerofobia*? É o medo de provar alimentos de sabor ácido. Já imaginou um mundo sem jujubas ou balas azedinhas? Do que você tem medo?

3

Você tem medo de aranha? Ainda bem que a maior aranha de todas vive nas florestas tropicais, bem longe de nós.

É a tarântula-golias comedora de pássaros. Sim, ela é grande o suficiente para comer pássaros!

CHARADA

O que é, o que é? Deixa passar um elefante, mas não deixa passar um mosquito.

A teia de aranha.

Você sabia que na Bíblia, a palavra "medo" aparece mais de trezentas vezes. Deus diz repetidamente: "Não tenha medo."

Se você sentir medo, Deus irá ajudá-lo. Você só precisa falar com ele.

6

Vamos fazer uma brincadeira em família para aprender a confiar e não ter medo. Ponha uma venda nos olhos de alguém e ande com ele pela casa. Depois troquem de lugar. Agora você estará de olhos vendados e ele o levará pela casa.

VAMOS RECORDAR?

Não tenha medo, pois eu estou com você, do oriente trarei seus filhos e do ocidente ajuntarei você.

Isaías 43.5

SEMANA 12

MEMORIZE

Guardei no coração a tua palavra para não pecar contra ti.

Salmo 119.11

2

Qual é o seu livro favorito? Ele é engraçado? Por que ele é o seu favorito? Deus deu a você um livro muito especial que é o melhor de todos. Você sabe qual é?

Quer saber o quanto a Bíblia é antiga?
Ela foi escrita entre 1500 a.C. e 98 d.C.
Puxa! Ela é realmente antiga!

4

Você sabe quem foi a pessoa que viveu mais tempo na Bíblia? Vamos ler Gênesis 5.25–27. Matusalém teve muitos aniversários, não é? Ele viveu 969 anos – imagine só o número de velas!

Existe alguém que conhecemos
e amamos que nunca teve um
aniversário: Deus. Ele é eterno,
sempre foi e sempre será.

CHARADA

São três irmãos: o mais velho foi embora, o do meio está aqui e o mais novo ainda não chegou. Quem são eles?

Passado, Presente e Futuro.

7

VAMOS RECORDAR?

Guardei no coração a tua palavra para não pecar contra ti.

Salmo 119.11

Na Bíblia, Jesus disse: "Pare de duvidar e creia" (Jo 20.27). Ele estava falando com Tomé (às vezes, chamado de "o discípulo incrédulo"). Você precisa ver para crer? Por quê?

3

Você quer brincar de "Eu vejo"? Vamos brincar!

Eu vejo uma mesa. Eu vejo um livro. Eu vejo o vento. O quê? Não podemos ver o vento? Está vendo aquelas árvores balançando? É porque o vento está lá!

Não podemos ver o vento, mas isso não significa que ele não exista. Você consegue enxergar o seu coração batendo? Não. Mas consegue sentir os batimentos, certo? Só porque você não consegue ver algo, não significa que não tenha um bom motivo para acreditar naquilo.

Depois do jantar, vamos nos divertir com a sobremesa! Ponham vendas nos olhos e tentem dar uns aos outros um *cupcake* com cobertura. Com certeza, vocês vão se sujar um pouco, mas essa brincadeira é ótima para exercitar a confiança.

Vamos pedir a Deus que nos dê o tipo de fé que confia totalmente nele: "Querido Deus, eu confio e tenho fé que você me ama e quer apenas o que é melhor para mim. Eu confio no Senhor!

7

VAMOS RECORDAR?

Porque vivemos por fé,
e não pelo que vemos.
2Coríntios 5.7

2

DESAFIO DOS PAIS PARA OS FILHOS

Tente arrumar sua cama em trinta segundos! Em suas posições, preparar... um, dois, três, VAI!

3

DESAFIO DOS FILHOS PARA OS PAIS

Tente arrumar sua cama em vinte segundos! Em suas posições, preparar... um, dois, três, VAI!

CHARADA

Quem foi o corredor mais veloz de todos os tempos?

Adão. Ele chegou antes de todos os outros humanos.

5

Vamos fazer uma corrida de revezamento usando um balão. Dividam-se em duas equipes. Uma pessoa de cada equipe põe o balão entre as pernas e corre em direção à pessoa seguinte. Agora, a outra pessoa pega o balão, põe entre as pernas e continua correndo. Quem chegar primeiro ganha!

6

Pense em duas coisas que você sente muita vontade de fazer, mas tem medo. Peça para o papai ou a mamãe orarem com você, e peça a Deus força para vencer o seu medo.

1

SEMANA 15

MEMORIZE

Confie no SENHOR de todo o seu coração e não se apoie em seu próprio entendimento.

Provérbios 3.5

2

Você acha que Noé sentiu medo quando começou a chover sem parar? Você tem medo da chuva? E de trovão? Deus estava com Noé, e ele está com você também!

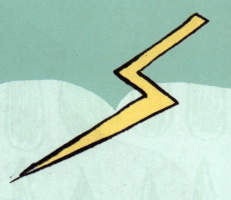

3

Você tem um cachorrinho ou um gato de estimação? E quanto a um elefante de estimação? Deus deu a Noé uma tarefa: proteger os animais. Você é capaz de proteger o seu animalzinho favorito?

4

CHARADA

Qual é o animal que fica gago
ao dizer o seu nome?

O hipopótamo.

5

Da próxima vez que chover, façam uma corrida de revezamento molhada, chutando uma bola entre cones, girando bambolês e jogando balões cheios de água. Rir dos desafios bobos é a recompensa!

Deus tem um grande plano para você. Vamos orar e pedir que Deus mostre a você qual é o plano dele: "Querido Deus, eu confio que o Senhor tem grandes planos para a minha vida. Ajude-me a agradar ao Senhor em tudo o que faço."

7

VAMOS RECORDAR?

Confie no SENHOR de todo o seu coração e não se apoie em seu próprio entendimento.

Provérbios 3.5

SEMANA 16

MEMORIZE

Porque todo aquele que invocar o nome do Senhor será salvo.

Romanos 10.13

2

Você conhece a história de Jonas? Ele tentou se esconder de Deus, e o que aconteceu com ele? Sim, um peixe gigante o engoliu! Jonas errou, mas Deus o perdoou e o amou.

3

DESAFIO DOS PAIS PARA OS FILHOS

Preparem-se para um concurso de caretas! Peguem uma câmera e vejam quem consegue fazer a careta mais engraçada. Você já se perguntou se Jonas fez alguma careta?

4

CHARADA

O que o peixe e o boi têm, mas o do peixe é maior que o do boi?

O nome.

5

Vamos brincar de esconde-esconde! Uma pessoa se esconde enquanto as outras contam até dez. Quando você encontrar a pessoa, abrace-a e diga: "Deus te vê e te ama, e eu também!"

6

Vamos fazer um cofrinho de peixe. Pegue uma garrafa plástica limpa e decore-a para fazê-la parecer um peixe. Coloque algumas moedas dentro. Quando a garrafa estiver cheia, dê para alguém necessitado e fale de Jesus para essa pessoa!

VAMOS RECORDAR?

Porque todo aquele que invocar o nome do Senhor será salvo.
Romanos 10.13

SEMANA 17

MEMORIZE

Mas existe amigo mais apegado que um irmão.
Provérbios 18.24

2

Você sabia que Rute foi a bisavó do rei Davi e fez parte da família de Jesus? Você também faz parte da família de Jesus! Não é maravilhoso ter uma família?

3

Vamos fazer uma árvore genealógica de recordação. Pegue uma folha de cartolina e recorte a copa e o tronco da árvore. Agora recorte as folhas. Escreva os nomes de cada membro da sua família nas folhas e cole-as na copa da árvore.

CHARADA

O que a árvore falou depois de "levar um bolo" da amiga?

Acredita que ela me deixou lá plantada?

Um fato curioso sobre árvores: uma das árvores mais antigas do mundo é um pinheiro chamado Matusalém. Estima-se que ele tenha quase cinco mil anos! O serviço florestal mantém a localização exata da árvore em segredo para protegê-la.

Tire um minuto para orar e agradecer a Deus por cada pessoa da sua família e por todos os seus ancestrais também. Agradeça a Deus por cuidar de você.

SEMANA 18

1

MEMORIZE

Deus os escolheu para serem salvos mediante a obra santificadora do Espírito e a fé na verdade.
2Tessalonicenses 2.13

2

Às vezes, é difícil ser um líder, mas Deus quer que digamos "Eis-me aqui" e que compartilhemos nossa fé. Seja como Abraão, Jacó, Moisés e Samuel, e diga essas três palavras importantes hoje!

Se você pudesse ter qualquer outro nome,
qual seria? Que tal Maher-Shalal-Hash-Baz?
Esse é o nome mais longo da Bíblia!

4

Toc, toc!

Quem é?

Abe!

Abe quem?

Abe C D E F G!

5

Que tal brincar de "Siga o líder"? Escolha uma pessoa para ser o primeiro líder. Ela deve andar, subir, descer e dar a volta em lugares, enquanto os outros a seguem e a imitam. Troque o líder e dê a todos uma chance de liderar.

Existem mais de sete bilhões de pessoas no mundo, e a Bíblia diz que Jesus conhece e chama cada uma pelo nome. Ele conhece VOCÊ! Ele sabe tudo sobre VOCÊ! Isso é incrível!

7

VAMOS RECORDAR?

Deus os escolheu para serem salvos mediante a obra santificadora do Espírito e a fé na verdade.
2Tessalonicenses 2.13

SEMANA 19

MEMORIZE

Não andem ansiosos por coisa alguma, mas em tudo, pela oração e súplicas, e com ação de graças, apresentem seus pedidos a Deus.
Filipenses 4.6

2

Os discípulos andavam muito com Jesus. Ainda assim, eles não sabiam direito como orar. Então Jesus lhes ensinou uma oração bem simples. Vamos ler na nossa Bíblia!
(Veja Mateus 6.5-15)

3

Quando Jesus disse: "Dá-nos hoje o nosso pão de cada dia", você acha que Deus queria que você agradecesse o seu pão com manteiga? Qual é sua comida favorita? Quais são as comidas de que você não gosta?

CHARADA

Se dizem o meu nome, eu desapareço. Quem sou eu?

O silêncio.

Faça uma massa de biscoito e molde as letras iniciais do nome de cada membro da família. Asse os biscoitos normalmente. Quando estiverem comendo as letras, agradeçam a Deus por todas as coisas que ele nos dá.

Jesus disse que ouve as nossas orações, não importa se elas são longas ou curtas, ou se não sabemos escolher bem as palavras. Você consegue se lembrar da oração do Pai Nosso?

7

VAMOS RECORDAR?

Não andem ansiosos por coisa alguma, mas em tudo, pela oração e súplicas, e com ação de graças, apresentem seus pedidos a Deus.

Filipenses 4.6

SEMANA 20

MEMORIZE

Livremo-nos de tudo o que nos atrapalha e do pecado que nos envolve e corramos com perseverança a corrida que nos é proposta.

Hebreus 12.1

2

Ao ler a história de Davi e Golias, você acha que Davi foi corajoso? Você acha que ele teve medo? O que, ou melhor, quem, ajudou Davi a ser tão corajoso?

Exatamente! Foi Deus que o ajudou!

CHARADA

Qual é a pedra que não afunda na água?

A pedra de gelo.

4

DESAFIO DOS FILHOS PARA OS PAIS

Pais, façam uma lista de todas as coisas de que vocês têm medo. Agora amassem a folha de papel e se livrem desses medos! A que distância máxima vocês conseguem acertar a bolinha de papel dentro da lixeira? Marque a distância para o desafio de amanhã!

5

DESAFIO DOS PAIS PARA OS FILHOS

Crianças, escrevam os seus medos em uma folha de papel. Amassem a folha de papel e a joguem na lixeira. A que distância máxima vocês conseguem acertar a bolinha de papel dentro da lixeira? Conseguiram vencer seus pais?

6

Não é ótimo saber que nunca estamos sozinhos? Deus está sempre nos ajudando a vencer nossos medos e desafios. Como uma família, nós também contamos uns com os outros para nos ajudarmos. Juntos podemos vencer qualquer coisa!

7

VAMOS RECORDAR?

Livremo-nos de tudo o que nos atrapalha e do pecado que nos envolve e corramos com perseverança a corrida que nos é proposta.

Hebreus 12.1

SEMANA 21

MEMORIZE

Se algum de vocês tem falta de sabedoria, peça-a a Deus, que a todos dá livremente, de boa vontade; e lhe será concedida.

Tiago 1.5

2

O rei Salomão pediu sabedoria em vez de riquezas ou vida longa, então Deus deu a ele mais sabedoria do que a qualquer um! O que você escolheria, sabedoria ou riquezas? Se escolher sabedoria, é na Bíblia que você deve buscar.

3

CHARADA

O que dá a mistura de uma girafa com um papagaio?

Um alto-falante.

DESAFIO DOS PAIS PARA OS FILHOS

Use um cronômetro e veja quanto tempo leva para você encontrar na Bíblia e ler o versículo para memorizar desta semana, pulando em um pé só. Anote o tempo para o desafio de amanhã!

5

DESAFIO DOS FILHOS PARA OS PAIS

Agora é a vez de vocês, pais! Vejam quanto tempo leva para vocês encontrarem na Bíblia e lerem o versículo para memorizar desta semana, pulando em um pé só. Quem venceu o desafio? Todos vocês venceram!

Preparado para uma caça ao tesouro? Primeiro, decore uma caixa de sapato para parecer um baú do tesouro. Escreva versículos da Bíblia em pedaços de papel e ponha dentro do baú. Então, esconda o baú e peça ao resto da família que encontre o tesouro!

7

VAMOS RECORDAR?

Se algum de vocês tem falta de sabedoria, peça-a a Deus, que a todos dá livremente, de boa vontade; e lhe será concedida.

Tiago 1.5

SEMANA 22

MEMORIZE

Escrevi estas coisas a vocês que creem no nome do Filho de Deus, para que saibam que têm a vida eterna.

1João 5.13

2

Jesus nos deu duas regras muito importantes: Ame o Senhor de todo o seu coração e ame o seu próximo como a si mesmo. Como podemos aprender a amar as outras pessoas, mesmo quando elas são cruéis conosco?

3

CHARADA

Por que o bolo de chocolate reclamava de tudo?

Porque era um bolo de chocolate meio-amargo.

4

Você sabia que o jogo de basquete foi inventado em 1891?

As bolas eram jogadas em cestas de coletar pêssegos! Toda vez que a bola caía na cesta, o jogo parava e alguém tinha de subir numa escada para recuperar a bola!

5

Vamos brincar de telefone sem fio! Sentem-se formando um círculo. A primeira pessoa escolhida deve sussurrar esta frase no ouvido da pessoa ao seu lado: "Eu te amo e você me ama, mas quem vai amar a dona aranha?" A última pessoa diz a frase em voz alta. As palavras mudaram? Experimentem com outra frase!

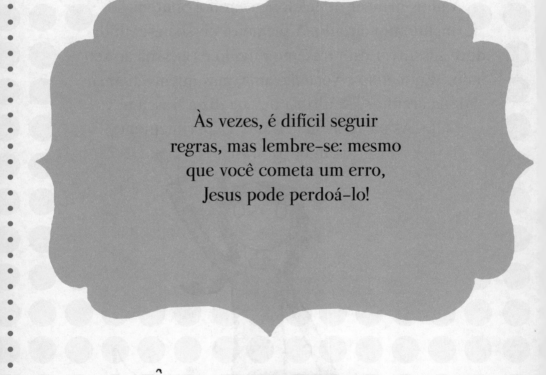

Às vezes, é difícil seguir regras, mas lembre-se: mesmo que você cometa um erro, Jesus pode perdoá-lo!

VAMOS RECORDAR?

Escrevi estas coisas a vocês que creem no nome do Filho de Deus, para que saibam que têm a vida eterna.

1João 5.13

2

Vamos ler Efésios 6.10–20.

A Bíblia nos mostra o que Deus diz e o que ele quer que nós façamos. Se estudar a Palavra de Deus, você será capaz de tomar as decisões certas!

CHARADA

O que não fala nem ouve, mas conta tudo que sabe?

O livro.

DESAFIO DOS PAIS PARA OS FILHOS

A Bíblia diz que devemos falar de Jesus para os outros. Crianças, será que vocês podem dizer a três amigos que vocês amam Jesus?

5

DESAFIO DOS FILHOS PARA OS PAIS

Sua vez, pais! Conseguem dizer a três pessoas que vocês amam Jesus?

Vamos brincar de "O mestre mandou"!

Uma pessoa será o mestre e dará ordens como: "O mestre mandou tocar no dedão do pé." Os outros participantes só devem obedecer se ouvirem "o mestre mandou" antes da ordem. Caso contrário, não se mexam! Se o mestre conseguir enganar alguém para que obedeça na hora errada, essa pessoa está fora do jogo. Repitam até todos terem a oportunidade de serem o mestre.

SEMANA 24

MEMORIZE

No princípio era aquele que é a Palavra. Ele estava com Deus e era Deus.

João 1.1

2

Deus deu aos profetas uma tarefa muito especial: contar para as pessoas sobre a vinda de Jesus para salvá-las. Deus quer que você fale de Jesus para os outros também! Consegue fazer isso hoje?

CHARADA

O que é que fala e ouve, mas não é gente nem bicho?

O telefone.

4

Façam megafones enrolando cartolinas e prendendo as pontas com fita adesiva. Agora vamos ver quem consegue gritar "Eu amo Jesus" mais alto!

5

Que tal brincar de estátua? Ponha uma música bem animada para tocar. Todos devem começar a dançar ou fazer movimentos bem doidos. Quando alguém disser "pare", todo mundo tem de parar imediatamente na posição em que estiver! Tire uma foto da pose mais maluca.

Deus fez você com qualidades muito especiais e com o propósito de realizar a maravilhosa obra dele. Procure descobrir de que maneira você pode servir a Deus, assim como os profetas fizeram!

VAMOS RECORDAR?

No princípio era aquele que é a Palavra. Ele estava com Deus e era Deus.

João 1.1

SEMANA 25

1

MEMORIZE

Não diga que é muito jovem. A todos a quem eu o enviar, você irá e dirá tudo o que eu ordenar a você.
Jeremias 1.7

2

Você já ouviu a frase: "Baixos ou altos, magros ou gordos, Deus criou a todos"?

Não importa se somos baixinhos ou muito ALTOS; todos nós podemos fazer coisas incríveis porque foi Deus quem nos criou!

CHARADA

Só abro a porta depois que entro. Quem sou eu?

A chave.

Você alguma vez já escreveu uma lista de desejos?

Por mais jovem que seja, você já pensa em algumas coisas que deseja fazer na vida? Escreva dez possibilidades. Essa é a sua lista de desejos!

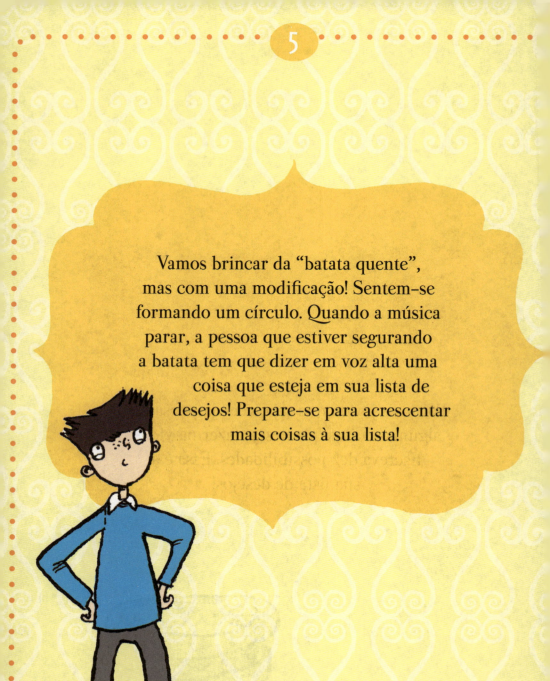

Vamos brincar da "batata quente", mas com uma modificação! Sentem-se formando um círculo. Quando a música parar, a pessoa que estiver segurando a batata tem que dizer em voz alta uma coisa que esteja em sua lista de desejos! Prepare-se para acrescentar mais coisas à sua lista!

Ler a Bíblia do início ao fim está na sua lista de desejos? Se não estiver, por que você não acrescenta isso à sua lista? Conhecer a Palavra de Deus é a maneira perfeita de levar sua vida na direção certa.

7

VAMOS RECORDAR?

Não diga que é muito jovem. A todos a quem eu o enviar, você irá e dirá tudo o que eu ordenar a você.

Jeremias 1.7

2

Você está participando de uma grande corrida para Jesus! É importante cuidar do seu corpo para que você possa servir melhor a Deus. Você consegue dizer cinco maneiras de manter o corpo saudável?

3

DESAFIO DOS PAIS PARA OS FILHOS

Quantos polichinelos você consegue fazer enquanto canta "Deus é tão bom"?

4

DESAFIO DOS FILHOS PARA OS PAIS

Sua vez, pais! Quantos polichinelos vocês conseguem fazer enquanto cantam "Deus é tão bom?"

5

CHARADA

O que o mar falou para o náufrago?

Nada!

Tão importante quanto manter o nosso corpo saudável é manter a nossa alma saudável! Não se esqueça de alimentar sua alma com uma boa dose da Palavra de Deus diariamente.

7

VAMOS RECORDAR?

Pois o salário do pecado é a morte, mas o dom gratuito de Deus é a vida eterna em Cristo Jesus, nosso Senhor.

Romanos 6.23

SEMANA 27

1

MEMORIZE

Grande é o SENHOR e digno de ser louvado; sua grandeza não tem limites.
Salmo 145.3

2

Você gosta de cantar? Toca algum instrumento musical?

Caso sua resposta seja "sim", ótimo! Mas você não precisa de nenhuma dessas habilidades para adorar ao Senhor. Quando você está ajudando seus pais em casa, sendo gentil com seus professores, está louvando a Deus.

3

Se você pudesse tocar qualquer instrumento musical, qual seria?

Você gosta de bateria? O inventor da bateria é desconhecido, mas achamos que tambores foram tocados pela primeira vez por volta de 6000 a.C.

CHARADA

Qual foi o instrumento musical que o pintinho aprendeu a tocar?

O "PIA-no".

5

Vamos brincar de "Macaquinho de imitação"!
Uma pessoa será o macaco e dirá:

"Macaco faz, macaco vê; o que
eu falar tem que fazer!"

Então todos imitam
tudo o que ele fizer.

6

Junte toda a família e inventem uma melodia para cantar "A B–Í–B–L–I–A".

A letra é assim: A B–Í–B–L–I–A.

Esse é o livro para mim.

Firme estou na Palavra de Deus, A B–Í–B–L–I–A.

Na hora de cantar, cada letra de B–Í–B–L–I–A deve ser lida separadamente.

7

VAMOS RECORDAR?

Grande é o SENHOR e digno de ser louvado; sua grandeza não tem limites.
Salmo 145.3

SEMANA 28

MEMORIZE

Parem de lutar! Saibam que eu sou Deus! Serei exaltado entre as nações, serei exaltado na terra.

Salmo 46.10

2

Quando disseram para Daniel que ele não poderia mais adorar a Deus, ele soube imediatamente que teria de enfrentar aqueles que estavam errados. Quando você estiver se esforçando ao máximo para fazer a coisa certa, peça ajuda a Deus.

3

CHARADA

Por que o macaco-prego não entra no mar?

Porque ele tem medo do tubarão-martelo.

DESAFIO DOS PAIS PARA OS FILHOS

Quantas moedas você consegue equilibrar na cabeça, enquanto ruge como um leão?

5

DESAFIO DOS FILHOS PARA OS PAIS

É a vez de vocês, pais! Quantas moedas vocês conseguem equilibrar na cabeça enquanto rugem como um leão? Rugiram mais alto do que as crianças ontem?

6

Daniel passou muito tempo em oração pedindo que Deus mostrasse a ele o que fazer em tempos difíceis. Em família, orem e peçam a Deus que mostre a vocês como serem fortes e obedientes a ele mesmo quando for muito difícil.

7

VAMOS RECORDAR?

Parem de lutar! Saibam que eu sou Deus! Serei exaltado entre as nações, serei exaltado na terra.

Salmo 46.10

1

SEMANA 29

MEMORIZE

Mas Deus demonstra seu amor por nós:
Cristo morreu em nosso favor quando
ainda éramos pecadores.

Romanos 5.8

2

Algumas vezes, nós ficamos calados e, assim como Jonas, deixamos de falar de Deus para os outros. Você, às vezes, sente medo de falar com as pessoas sobre Deus? Como você pode vencer esse medo?

CHARADA

Qual é o peixe mais valioso do mundo?

O dourado!

Vamos brincar com o jogo da baleia! Uma pessoa será a baleia e ficará no meio da sala. Todos os outros serão Jonas. Quando a baleia gritar: "Tempestade!", os Jonas tentarão atravessar a sala sem serem tocados pela baleia. Quem for tocado pela baleia se tornará mais uma baleia. Será que você consegue pegar todos os Jonas?

5

Para uma sobremesa especial esta noite, faça gelatina azul e encha com balinhas de goma em formato de peixe. Qual peixe parece que acabou de engolir Jonas? Coma esse primeiro!

Jesus nos mandou ir pelo mundo e fazer discípulos. Ore e peça a Deus que mostre a você alguém com quem possa compartilhar o amor de Deus hoje. Depois, fique atento e veja o que Deus faz!

7

VAMOS RECORDAR?

Mas Deus demonstra seu amor por nós: Cristo morreu em nosso favor quando ainda éramos pecadores.

Romanos 5.8

1

SEMANA 30

MEMORIZE

Pois nada é impossível
para Deus.
Lucas 1.37

2

Você sabe o que significa
ter um coração de servo?

Você conhece pessoas como Marta,
ótimas em fazer coisas para os outros?

Você é assim, também?

DESAFIO DOS PAIS PARA OS FILHOS

Você pode levar o lixo para fora, preparar a mesa para as refeições e arrumar a cama de seus pais hoje? Será que consegue fazer tudo isso com um verdadeiro coração de servo?

4

DESAFIO DOS FILHOS PARA OS PAIS

Você consegue demonstrar um coração de servo hoje, recolhendo os brinquedos dos seus filhos, arrumando suas camas e dando-lhes uma porção extra de sobremesa esta noite?

5

Você consegue sentir seus batimentos cardíacos no pulso?

Para os seres humanos, a pulsação normalmente está entre 70 e 100 batimentos por minuto. A pulsação dos elefantes é mais lenta: apenas 27 batimentos por minuto. E a do canário é de 1000!

CHARADA

O que é que só aumenta e nunca diminui?

A idade.

VAMOS RECORDAR?

Pois nada é impossível para Deus.
Lucas 1.37

SEMANA 31

MEMORIZE

Hoje, na cidade de Davi, nasceu o Salvador, que é Cristo, o Senhor.
Lucas 2.11

2

Por que o seu nome é especial? Seu nome foi dado em homenagem a outra pessoa?

Deus deu a Jesus um nome especial para que soubéssemos que ele está sempre conosco!

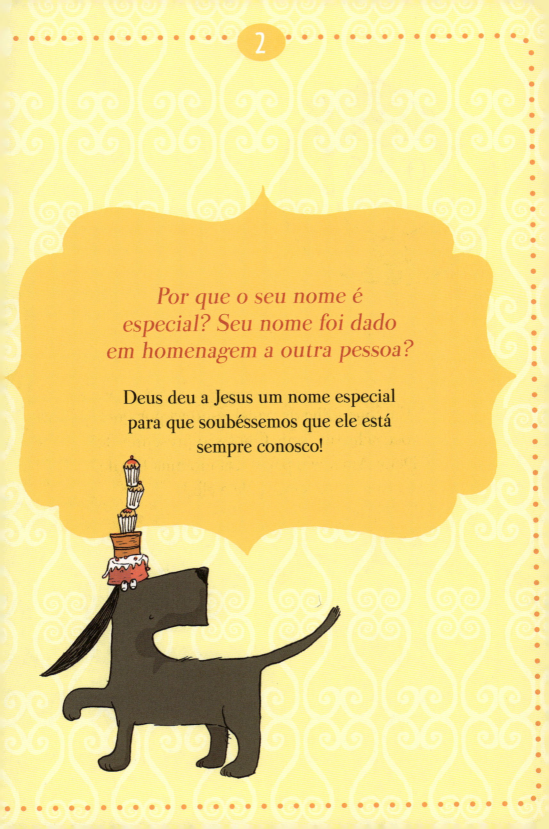

3

DESAFIO DOS PAIS PARA OS FILHOS

Em uma folha de papel, escreva por que você acha que seus filhos são presentes de Deus. Amarre o papel usando uma fita de presente e dê a eles!

DESAFIO DOS FILHOS PARA OS PAIS

Em uma folha de papel, escreva por que você acha que seus pais são um presente de Deus. Amarre o papel usando uma fita de presente e dê para a mamãe e o papai!

Você consegue adivinhar qual é o nome mais repetido na Bíblia?

É Jesus! Seu nome é repetido mais de 1.200 vezes. Davi é o segundo, com quase 1.000 repetições, e Moisés é o terceiro, com um pouco mais de 800 repetições.

6

CHARADA

O que é, o que é? É seu, mas os outros usam muito mais do que você?
Seu nome.

VAMOS RECORDAR?

Hoje, na cidade de Davi, nasceu o Salvador, que é Cristo, o Senhor.

Lucas 2.11

2

Você gosta de viajar? E se a viagem for muito longa? Os sábios tiveram de percorrer uma enorme distância para ver Jesus – e não foi em um carro com ar-condicionado, e sim montados em camelos!

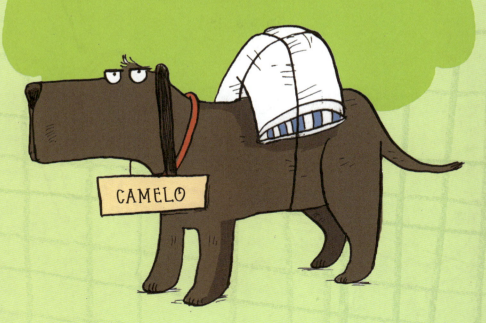

3

Os sábios provavelmente vieram da Pérsia. A distância até a Palestina era de mais de 1.100 quilômetros, então eles podem ter levado pelo menos oito dias de viagem montados em camelos! Aposto que os viajantes cheiravam tão mal quanto os camelos quando chegaram!

Muitas pessoas acham que os camelos armazenam água em suas corcovas, mas, na verdade, essas corcovas são feitas de tecido gorduroso. A gordura ajuda-os a manter a temperatura do corpo no calor do deserto.

Para a sobremesa desta noite, vamos fazer biscoitos em formato de estrelas. Faça ou compre massa de biscoito, abra a massa com um rolo e corte várias estrelas.

Assim como os sábios fizeram, vamos orar e agradecer a Deus por nos dar o melhor presente que poderíamos receber: Jesus!

SEMANA 33

1

MEMORIZE

Então veio dos céus uma voz:
"Tu és o meu Filho amado; de
ti me agrado".

Marcos 1.11

2

O batismo é o sinal de uma nova vida com Deus, tempo de começar de novo. Como uma lagarta que se transformou em borboleta, você também é nova criatura em Cristo!

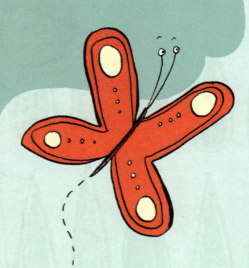

3

CHARADA

Por que o jardineiro achou uma gravata no meio das flores?

Porque era uma gravata-borboleta.

Você sabia que a borboleta monarca voa desde os Grandes Lagos até o golfo do México?

É uma distância de mais de três mil quilômetros. Aposto que suas pequenas asas ficam exaustas!

5

Coloque algumas moedas antigas e sujas em um pote plástico com vinagre e duas colheres de chá de sal. Feche a tampa e sacuda por sessenta segundos. Depois de enxaguadas, as moedas deverão estar novinhas em folha!

Ao receber Jesus em seu coração, você é uma nova criatura! Faça uma oração e agradeça a Deus por amá-lo e aceitá-lo do jeito que você é.

7

VAMOS RECORDAR?

Então veio dos céus uma voz: "Tu és o meu Filho amado; de ti me agrado".
Marcos 1.11

SEMANA 34

MEMORIZE

Sei que a bondade e a fidelidade me acompanharão todos os dias da minha vida, e voltarei à casa do Senhor enquanto eu viver.

Salmo 23.6

2

Qual é o seu lugar preferido na terra?

A praia? O rio? As montanhas? Não é maravilhoso saber que um dia você irá para um lugar muito melhor que qualquer um desses?

3

Você já parou para imaginar onde fica o céu, como ele é e quem vive lá? Se você pudesse desenhar o céu, como ele seria?

4

Você pode dizer cinco coisas que precisa fazer para ganhar um bilhete de entrada no céu?

A resposta é: "Não, você não pode!" A Bíblia diz que ninguém pode fazer coisa alguma para merecer ou comprar a entrada no céu. Ela é um presente, e todo presente é de graça!

5

Você quer viajar?

Não vá para Vênus. Ele é o planeta mais quente do nosso sistema solar. Sua temperatura chega a mais de 426°C, porque as nuvens retêm o calor recebido do Sol.

6

Reunidos em família, tirem um tempo hoje para agradecer a Deus por amá-los tanto, a ponto de fazer um lar eterno para vocês!

7

VAMOS RECORDAR?

Sei que a bondade e a fidelidade me acompanharão todos os dias da minha vida, e voltarei à casa do Senhor enquanto eu viver.

Salmo 23.6

SEMANA 35

1

MEMORIZE

Que as palavras da minha boca e a meditação do meu coração sejam agradáveis a ti, Senhor, minha Rocha e meu Resgatador!

Salmo 19.14

É difícil sempre fazer a coisa certa, mas quando você lê a Bíblia e descobre o que Deus manda fazer, você ganha força para dizer "não" quando for necessário!

Decorar versículos da Palavra de Deus ajudará você a saber o que fazer em momentos difíceis.

Use uma caneta de quadro branco para escrever o versículo desta semana no espelho do banheiro. Isso ajudará você a memorizá-lo!

DESAFIO DOS PAIS PARA OS FILHOS

Vamos provar que vocês conseguem fazer coisas difíceis. Será que conseguem comer um pote de iogurte sem usar as mãos?

5

DESAFIO DOS FILHOS PARA OS PAIS

Pais, vocês conseguem dizer as palavras da música "Caranguejo peixe é" e fazer todos os gestos, enquanto ficam num pé só?

6

CHARADA

Por que os pássaros voam para o Sul?

Porque se fossem andando levariam muito tempo.

7

VAMOS RECORDAR?

Que as palavras da minha boca e a meditação do meu coração sejam agradáveis a ti, Senhor, minha Rocha e meu Resgatador!

Salmo 19.14

SEMANA 36

1

MEMORIZE

Pois, se perdoarem as ofensas uns dos outros, o Pai celestial também perdoará vocês.

Mateus 6.14

2

Você já fez algo tão ruim que pensou que seus pais nunca o perdoariam, mas ainda assim eles perdoaram?

Seu Pai celestial sempre perdoará você também. Você só precisa pedir!

3

Jesus nos diz que, se alguém nos fizer mal, devemos perdoar. Quem na sua vida precisa de perdão hoje? Perdoe essa(s) pessoa(s)!

4

Em um pedaço de papel bem pequeno, escreva uma palavra que lembre alguém que você está tendo dificuldade de perdoar. Guarde esse papel em um lugar seguro até amanhã. Enquanto isso, passe algum tempo orando e pedindo a Deus que o ajude a perdoar essa pessoa.

Pegue aquele papelzinho, enrole bem e ponha
dentro de um balão. Pronto para soprar?
Encha o balão, agradeça a Deus por ajudar você
a perdoar, e solte o balão. Observe a falta de
perdão ir embora!

6

Perdoar pode ser difícil, mas com a ajuda de Deus você consegue! Na próxima vez que você sentir a falta de perdão ou a mágoa entrar em seu coração, entregue isso a Deus e ele o ajudará.

VAMOS RECORDAR?

Pois, se perdoarem as ofensas uns dos outros, o Pai celestial também perdoará vocês.

Mateus 6.14

SEMANA 37

1

MEMORIZE

Eu sou a videira; vocês são os ramos. Se alguém permanecer em mim e eu nele, esse dará muito fruto; pois sem mim vocês não podem fazer coisa alguma.

João 15.5

2

Sobre o fruto do Espírito, qual você acha que é o seu ponto mais forte?

Aqui estão as opções: amor, alegria, paz, paciência, amabilidade, bondade, fidelidade, mansidão e domínio próprio.

DESAFIO DOS PAIS PARA OS FILHOS

Pegue um pedaço de fruta, equilibre-a na cabeça e veja quantas vezes você consegue atravessar a sala sem deixar a fruta cair. Pronto? Preparar! Vai!

DESAFIO DOS FILHOS PARA OS PAIS

Equilibre um pedaço de fruta na cabeça e veja quantas vezes você consegue atravessar a sala sem deixá-lo cair. Seria mais fácil com um pedaço de outra fruta?

CHARADA

Em uma corrida de frutas, a maçã está ganhando. O que acontece se ela diminuir a velocidade?

A uva passa.

Vamos fazer uma oração e pedir a Deus que nos ajude a sermos gentis mesmo quando estamos com raiva uns dos outros. Peça a ele que lhe mostre como ser paciente quando os outros estão sendo maus com você.

VAMOS RECORDAR?

Eu sou a videira; vocês são os ramos. Se alguém permanecer em mim e eu nele, esse dará muito fruto; pois sem mim vocês não podem fazer coisa alguma.

João 15.5

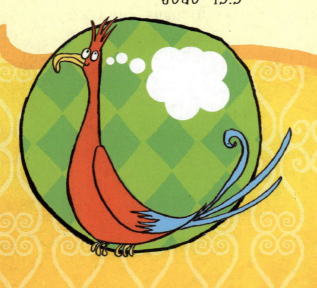

SEMANA 38

1

MEMORIZE

Toda boa dádiva e todo dom perfeito vêm do alto, descendo do Pai das luzes, que não muda como sombras inconstantes.

Tiago 1.17

2

Qual o melhor presente que você já recebeu?

Foi o seu livro favorito? Uma bicicleta? Um bichinho de estimação? Bem, na verdade é Jesus! Ele é o maior presente que você poderia receber.

3

Um menino deu a Jesus cinco pães e dois peixes, e com eles Jesus alimentou mais de cinco mil pessoas! O pequeno presente do menino se tornou um banquete gigantesco. Deus pode transformar seus presentes em um banquete também!

CHARADA

O que é redonda como o Sol, tem mais raios do que uma tempestade e anda sempre em dupla?

A roda da bicicleta.

5

Vamos brincar de "pega-peixe"?

Vamos precisar de um pacote de salgadinhos ou biscoitinhos bem pequenos.

Cada um de vocês joga um salgadinho para cima e tenta pegar com a boca. Vamos ver quem consegue pegar mais.

6

Você sabia que o peixe-dourado pode crescer até trinta centímetros e viver quarenta anos?

VAMOS RECORDAR?

Toda boa dádiva e todo dom perfeito vêm do alto, descendo do Pai das luzes, que não muda como sombras inconstantes.

Tiago 1.17

SEMANA 39

1

MEMORIZE

Da mesma forma, depois da ceia, tomou o cálice, dizendo: Este cálice é a nova aliança no meu sangue, derramado em favor de vocês.

Lucas 22.20

2

Na última ceia, Jesus disse: "Façam isto em memória de mim." Você acha que devemos nos lembrar de Jesus apenas quando participamos da ceia?

DESAFIO DOS PAIS PARA OS FILHOS

Hora de compartilhar lembranças. Qual é a coisa mais antiga de sua vida que você consegue lembrar?

DESAFIO DOS FILHOS PARA OS PAIS

Sua vez, pais. Qual é a coisa mais antiga de que vocês se lembram? Quem conseguiu se lembrar de coisas mais antigas em sua vida: vocês ou seus filhos?

5

Você sabia que o golfinho nariz-de-garrafa consegue se lembrar de seus amigos golfinhos mesmo se ficarem separados por mais de vinte anos?

CHARADA

Qual é a fruta que tem um filho?

O mamão "papai-a".

7

VAMOS RECORDAR?

Da mesma forma, depois da ceia, tomou o cálice, dizendo: Este cálice é a nova aliança no meu sangue, derramado em favor de vocês.
Lucas 22.20

SEMANA 40

1

MEMORIZE

Portanto, vão e façam discípulos de todas as nações, batizando-os em nome do Pai e do Filho e do Espírito Santo. Mateus 28.19

2

Você tem dificuldade em falar de Jesus para outras pessoas?

Tem medo de que elas não gostem mais de você se falar de Jesus para elas?

Como você pode vencer esse medo?

3

Por mais que você tenha medo de compartilhar as boas-novas de Jesus, ele pode dar a você coragem para falar aos outros sobre o Senhor. Se você está com medo, ore e peça a Jesus que o ajude!

4

DESAFIO DOS PAIS PARA OS FILHOS

Crianças, vocês conseguem ser corajosas hoje e contar para três pessoas que vocês amam a Jesus?

5

DESAFIO DOS FILHOS PARA OS PAIS

É sua vez, pais! Vocês têm um dia para falar que amam a Jesus para três pessoas. Conseguem fazer isso?

Vamos brincar de "galinha choca", mas com uma diferença: quem for pego tem que abraçar a outra pessoa e dizer "Jesus te ama e eu também!"

VAMOS RECORDAR?

Portanto, vão e façam discípulos de todas as nações, batizando-os em nome do Pai e do Filho e do Espírito Santo.

Mateus 28.19

SEMANA 41

MEMORIZE

Eles responderam: Creia no Senhor Jesus, e serão salvos, você e os de sua casa.

Atos 16.31

2

Jesus disse: "Porque a fé que vocês têm é pequena. Eu asseguro que, se vocês tiverem fé do tamanho de um grão de mostarda, poderão dizer a este monte: 'Vá daqui para lá', e ele irá." (Mateus 17.20). O que você acha que ele quis dizer com isso?

3

Imagine que os seus problemas são montanhas.

Qual foi a maior "montanha"
que você teve que subir?
Como você subiu?

4

A maioria das pessoas acham que o monte Everest é a maior montanha do mundo, mas a verdade é que ele tem apenas a maior elevação. A montanha mais alta da Terra desde sua base no fundo do mar é o vulcão Mauna Kea, no Havaí.

5

Você já assistiu a algum vídeo de uma erupção vulcânica? Faça seu próprio vulcão colocando em um copo de papel várias colheres de sopa de fermento. Aos poucos, adicione vinagre e veja a erupção acontecer!

CHARADA

Meu trovão vem antes do relâmpago, meu raio vem antes das nuvens e minha chuva seca toda terra em que toca. Quem sou eu?

Um vulcão.

SEMANA 42

1

MEMORIZE

Seja forte e corajoso! Não se apavore nem desanime, pois o SENHOR, o seu Deus, estará com você por onde você andar.

Josué 1.9

2

Quando Jesus e seus discípulos estavam no meio de uma tempestade, ele simplesmente disse: "Silêncio!" e a tempestade parou. Quais tempestades você tem em sua vida que ele pode silenciar e acalmar?

3

Vamos fazer uma guerra de bolas de papel! Dividam-se em dois times, amassem pedaços de papel branco como se fossem bolas de neve. Vocês podem até construir muros de almofadas para se protegerem!

Tempestades violentas podem trazer granizo, que são pedaços de gelo. Às vezes, os pedaços de granizo são pequenos como ervilhas ou bolinhas de gude, mas o maior pedaço de granizo já registrado pesava quase um quilo!

5

Hoje à noite, reúnam a família e peguem uma lanterna. Um de cada vez, ponham a lanterna debaixo do queixo, iluminando o rosto, e contem histórias engraçadas, porém com uma voz assustadora. Antes de irem para cama, lembrem uns aos outros que Deus é maior do que qualquer medo.

CHARADA

Uma família de cinco pessoas saiu para passear com apenas um guarda-chuva. Por que ninguém se molhou?

Porque não estava chovendo.

VAMOS RECORDAR?

Seja forte e corajoso! Não se apavore nem desanime, pois o SENHOR, o seu Deus, estará com você por onde você andar.

Josué 1.9

2

O que você mais gosta de fazer? Você faz porque gosta dos elogios e aplausos que recebe, ou porque gosta de mostrar aos outros a habilidade que Deus deu a você?

É normal fazer a sua atividade favorita para ganhar reconhecimento. Jesus também gosta quando você reconhece o que ele faz. Diga bem alto cinco coisas que Jesus fez por você que o deixam feliz e agradecido!

4

Agora, toda a família deve escrever uma frase que expresse o quanto Deus é incrível. Pode ser algo como: "Um, dois, três, Jesus virá outra vez!"

Divirtam-se

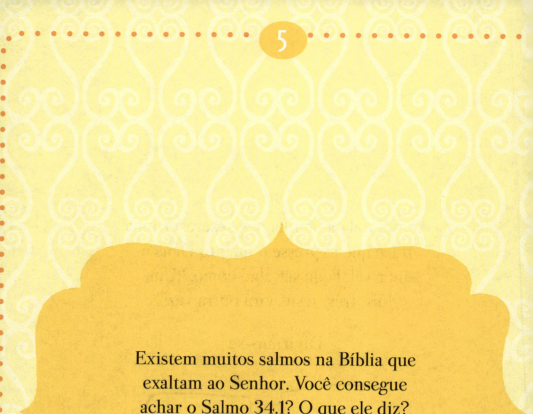

Existem muitos salmos na Bíblia que exaltam ao Senhor. Você consegue achar o Salmo 34.1? O que ele diz?

7

VAMOS RECORDAR?

Tudo o que fizerem, façam de todo o coração, como para o Senhor, e não para os homens.

Colossenses 3.23

2

Além dos seis elementos da armadura do Senhor, Efésios 6.18 diz que devemos também orar. Você ora todos os dias?

Pelo que você ora?

3

Se você orou por uma bicicleta nova, você acha que Deus lhe dará uma? E quanto a um cachorrinho novo? Deus nem sempre responde às nossas orações do jeito que gostaríamos, mas ele gosta de nos ouvir. Lembre-se de falar com ele hoje!

4

CHARADA

O que é que de noite tem seis pés e de dia tem quatro?

A cama.

Vamos fazer uma corrente de oração! Recorte tiras de papel branco e escreva pedidos e agradecimentos nelas. Forme um círculo com a primeira tira e grampeie as pontas. Pegue outra tira, passe por dentro da primeira e grampeie as pontas. Continue fazendo isso até formar uma corrente. Pendure-a por perto como um lembrete para orar por cada elo da corrente.

6

Após o jantar hoje à noite, cada membro da família irá dizer o nome de uma pessoa – pode ser qualquer pessoa, desde o presidente até o entregador de pizza. Agora cada um deve pensar em alguma necessidade que essa pessoa possa ter. Orem pedindo a Deus que abençoe cada uma dessas pessoas.

VAMOS RECORDAR?

Vistam toda a armadura de Deus,
para poderem ficar firmes contra
as ciladas do Diabo.

Efésios 6.11

SEMANA 45

1

MEMORIZE

Assim, já não sou eu quem vive, mas Cristo vive em mim. A vida que agora vivo no corpo, vivo-a pela fé no filho de Deus, que me amou e se entregou por mim.

Gálatas 2.20

2

Você consegue se lembrar de algum momento em que ficou com muita, muita, sede? A Bíblia nos diz que Jesus pode nos dar "água viva". Sem ele, nossa alma é vazia e seca. Como você pode ter sede de Jesus?

Cerca de 71% da superfície terrestre é coberta de água. Os oceanos contêm cerca de 96,5% de toda a água da Terra, mas também existe água no ar, nos rios, nos lagos, nos polos, nas geleiras, no solo e até mesmo em você e em seu cachorro!

4

Vamos lá para fora para disputar uma corrida! Primeiro, dividam-se em dois grupos. Coloquem dois potes vazios no chão. Depois coloquem dois potes cheios de água a três metros de distância dos potes vazios. Usando uma esponja, cada equipe deve ir e voltar, transferindo a água do pote cheio para o vazio. O time que primeiro encher o pote vazio ganha!

5

Veja se há uma concordância bíblica no final da sua Bíblia. Se houver, olhe a lista de palavras. Você está surpreso de ver que algumas delas aparecem tantas vezes na Bíblia? Escolha uma palavra e ache três passagens onde ela aparece.

6

Uma pessoa sem Cristo é como um homem vagando no deserto completamente seco e precisando de água. Cristo nos sacia e nos mantém caminhando. Mate sua sede de Jesus lendo a sua Palavra hoje!

7

VAMOS RECORDAR?

Assim, já não sou eu quem vive, mas Cristo vive em mim. A vida que agora vivo no corpo, vivo-a pela fé no filho de Deus, que me amou e se entregou por mim.

Gálatas 2.20

2

Você já precisou guardar um segredo? Foi difícil? Deus sabe de tudo o que fazemos, até do que é feito em segredo. Você às vezes se esquece disso?

CHARADA

Se tenho, não digo. Se digo, não tenho. O que é?

Um segredo.

4

Faça um balde grande de pipoca. Quantos grãos você acha que tem ali dentro? Agora leia a passagem de Mateus 18.22. Quantas vezes Jesus diz que devemos perdoar os outros? Você acha que tem essa quantidade de grãos no seu balde de pipoca?

5

Crie um quebra-cabeça em forma de coração, que tenha o versículo desta semana escrito nele. Deixe que todos tentem montá-lo!

CHARADA

Qual a diferença entre a fotografia e o Sol?

A fotografia se tira e o Sol se põe.

7

VAMOS RECORDAR?

Se confessarmos os nossos pecados, ele é fiel e justo para perdoar os nossos pecados e nos purificar de toda injustiça.

1João 1.9

1

SEMANA 47

MEMORIZE

Porque Deus tanto amou o mundo
que deu o seu Filho Unigênito, para
que todo o que nele crer não pereça,
mas tenha a vida eterna.

João 3.16

2

O quanto você ama seu bichinho de estimação? E o quanto ama seu videogame favorito ou sua bicicleta? Jesus o amou tanto que se dispôs a morrer por você. Isso é que é amor de verdade!

Vamos brincar de "Eu te amo um tanto assim". Coloque "mais do que" depois da palavra "amo" para criar frases engraçadas como: "Eu te amo... mais do que chocolate!" ou "Eu te amo... mais do que dormir!"

4

DESAFIO DOS PAIS PARA OS FILHOS

Crianças, peçam a alguém para marcar o tempo e vejam quantos beijos vocês conseguem dar nas bochechas do papai ou da mamãe em dez segundos!

5

DESAFIO DOS FILHOS PARA OS PAIS

É a vez de vocês, pais! Quantos beijos vocês conseguem dar na ponta do nariz de cada criança em dez segundos?

6

Vamos espalhar um pouco de bondade hoje – ou melhor muita bondade. Você pode dizer "oi" para alguém que esteja sentado sozinho na escola ou no trabalho?

E elogiar alguém que parece meio rabugento?

No final do dia, compartilhem uns com os outros o que aconteceu.

VAMOS RECORDAR?

Porque Deus tanto amou o mundo que deu o seu Filho Unigênito, para que todo o que nele crer não pereça, mas tenha a vida eterna.

João 3.16

1

SEMANA 48

MEMORIZE

Ele não está aqui; ressuscitou,

como tinha dito.

Mateus 28.6

2

Jesus andou sobre as águas e depois subiu acima das nuvens, quando retornou ao céu. O que você acha que seria mais divertido: ficar em pé em cima da água ou em cima das nuvens?

Você sabia que no monte Wai'ale'ale', no Havaí, pode chover quase 350 dias por ano?

Certa vez em Arica, no Chile, não choveu por quatorze anos, de outubro de 1903 até janeiro de 1919.

4

Já imaginou como deve ser o céu? Um de cada vez, compartilhem como esperam que seja o céu. Suas ideias são parecidas ou diferentes?

5

Encha um balão de festa e use-o para jogar vôlei dentro de casa. Façam dois times e usem o sofá ou uma cadeira como rede. Qual time consegue fazer 25 pontos primeiro?

CHARADA

O que a peteca falou para a galinha?

Tenho muita pena de você.

7

VAMOS RECORDAR?

Ele não está aqui; ressuscitou, como tinha dito.

Mateus 28.6

2

Precisamos da ajuda de Jesus para fazer as coisas que ele nos pede. Ele enviou o Espírito Santo para viver em nós para que pudéssemos brilhar para ele. O que significa "brilhar" para Cristo?

DESAFIO DOS PAIS PARA OS FILHOS

Cante "Brilha, brilha, estrelinha" com a língua para fora. Você consegue cantar sem rir?

DESAFIO DOS FILHOS
PARA OS PAIS

Sua vez, pais! Cantem "Brilha, brilha, estrelinha" sem pronunciar a letra L. Conseguem chegar ao refrão?

5

CHARADA

Por que os cantores cantam com a mão na orelha?

Porque se puserem a mão na boca, a voz não sai.

Às vezes, é difícil ser luz em um mundo cheio de escuridão, mas com o Espírito Santo, você consegue falar de Jesus para as pessoas. Ore e peça ao Espírito Santo que o ajude a fazer isso hoje!

7

VAMOS RECORDAR?

E todo aquele que invocar o nome do Senhor será salvo!

Atos 2.21

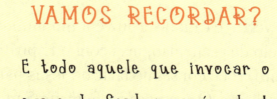

SEMANA 50

1

MEMORIZE

Portanto, se alguém está em Cristo, é nova criação. As coisas antigas já passaram; eis que surgiram coisas novas!

2Coríntios 5.17

2

Você sabia que se colocar uma margarida branca em um copo d'água e adicionar corante alimentício azul na água, a margarida também fica azul? Isso é parecido com o que Deus fez com o coração de Paulo. Ele o mudou de dentro para fora! Você precisa pedir a Deus que mude o seu coração também?

Vamos brincar de "Eu gosto quando você..."

Sentem-se em círculo. O primeiro participante joga uma bola para alguém no círculo. Então ele diz algo de que gosta na pessoa que pegou a bola. Um exemplo: "Eu gosto quando você... me dá um beijo de boa noite."

4

DESAFIO DOS PAIS PARA OS FILHOS

Quem não gosta de uma boa massagem nas costas? Dê uma demonstração de amor e massageie as costas de seu filho/sua filha esta noite!

5

DESAFIO DOS FILHOS PARA OS PAIS

Agora é sua vez, crianças! Demonstrem amor massageando as costas de seus pais esta noite!

6

CHARADA

Sou uma ave bonita, tente meu nome escrever, leia de trás para a frente e o mesmo nome irá ver.

Arara.

SEMANA 51

1

MEMORIZE

Vão pelo mundo todo e preguem o evangelho a todas as pessoas.
Marcos 16.15

2

Jesus quer que preguemos o evangelho para que todos se tornem seus seguidores. Você consegue pensar em duas maneiras que podem ajudar os outros a crer nele?

3

Vamos brincar de "pique-grilo"! Uma pessoa é o grilo. Ela tem de correr atrás dos outros. Se conseguir encostar a mão em alguém, deve gritar "cri-cri". A pessoa que ela pegou também diz "cri-cri" e se transforma em um novo grilo que corre atrás dos outros. A brincadeira termina quando todos forem pegos.

Agora vocês são todos CRIstãos!

4

Você sabia que os grilos podem saltar obstáculos quinhentas vezes maiores do que eles?

Isso é in–CRÍ–vel!

5

Você já deu uma boa olhada nas páginas iniciais e finais da sua Bíblia, aquelas antes de Gênesis e depois de Apocalipse? Todos da sua família podem pegar suas bíblias e fazer uma pesquisa. Qual de vocês tem mais mapas em sua Bíblia? Qual é a página mais interessante que você consegue achar?

6

Crer em Jesus é a coisa mais importante que você fará em toda a sua vida. Ore e pergunte a Deus como você pode compartilhar sua fé com os outros para que eles também creiam em Jesus!

7

VAMOS RECORDAR?

Vão pelo mundo todo e preguem o evangelho a todas as pessoas.
Marcos 16.15

SEMANA 52

1

MEMORIZE

Estejam vigilantes, mantenham-se firmes na fé, sejam homens de coragem, sejam fortes.
1Coríntios 16.13

2

Deus ama tanto você que não apenas lhe deu Jesus, como também lhe deu a Bíblia. Você consegue pensar em alguma forma de mostrar a Deus sua gratidão pela Bíblia?

CHARADA

Qual é a palavra que vai do início ao fim do dicionário?

Arroz, porque começa com A e termina com Z.

4

DESAFIO DOS PAIS PARA OS FILHOS

Façam uma lista dos três versículos para memorizar que mais tocaram seu coração neste livro. Quanto tempo leva para seus filhos acharem todos eles na Bíblia?

5

DESAFIO DOS FILHOS PARA OS PAIS

Sua vez, crianças! Façam uma lista dos cinco versículos para memorizar que mais tocaram seu coração neste livro. Peguem um cronômetro e vejam quanto tempo leva para seus pais acharem esses versículos na Bíblia.

Você consegue pensar em cinco coisas novas que descobriu sobre a Bíblia este ano?

7

VAMOS RECORDAR?

Estejam vigilantes, mantenham-se firmes na fé, sejam homens de coragem, sejam fortes.
1Coríntios 16.13